UNE AVENTURE D'ASTÉRIX

LE BOUCLIER ARVERNE

TEXTE DE GOSCINNY

DESSINS DE UDERZO

DARGAUD ÉDITEUR

PARIS · BARCELONE · LAUSANNE · LONDRES · MILAN · MONTREAL · NEW YORK · STUTTGART

DANS LE MONDE - ASTÉRIX EN LANGUES ÉTRANGÈRES

AFRIQUE DU SUD
Hodder Dargaud, PO Box 32213, Braamfontein Centre, Braamfontein 2017, Johannesburg, Afrique du Sud

AMÉRIQUE HISPANOPHONE
Grijalbo-Dargaud S.A., Deu y Mata 98-102, Barcelone 29, Espagne

AUSTRALIE
Hodder Dargaud, 2 Apollo Place, Lane Cove, New South Wales 2066, Australie

AUTRICHE
Delta Verlag, Postfach 1215, 7 Stuttgart 1, R.F.A.

BELGIQUE
Dargaud Bénélux, 3 rue Kindermans, 1050 Bruxelles, Belgique

BRÉSIL
Record Distribuidora, Rua Argentina 171, 20921 Rio de Janeiro, Brésil

RÉPUBLIQUE POPULAIRE DE CHINE
China Foreign Publishing Corp., POB 2209, Beijing, République Populaire de Chine

DANEMARK
Serieforlaget A/S (Groupement Gutenberghus), Vognmagergade 11, 1148 Copenhague K, Danemark

EMPIRE ROMAIN (Latin)
Delta Verlag, Postfach 1515, 7 Stuttgard 1, R.F.A.

ESPAGNE
Grijalbo-Dargaud S.A., Deu y Mata 98-102, Barcelone 29, Espagne

ÉTATS-UNIS D'AMÉRIQUE & CANADA
Dargaud Publishing International.
Distribution : MacMillan Publishing Co., 866 Third Avenue, New York, N.Y. 10022, États-Unis d'Amérique

FINLANDE
Sanoma Corporation, POB 107, 00381 Helsinki 38, Finlande

HOLLANDE
Dargaud Bénélux, 3 rue Kindermans, 1050 Bruxelles, Belgique
Distribution : Van Ditmar b.v., Oostelijke Handelskade 11, 1019 BL Amsterdam, Hollande

HONG KONG
Hodder Dargaud, c/o United Publishers Book Services, Stanhope House, 7th Floor, 734 King's Road, Hong Kong

HONGRIE
Nip Forum, Vojvode Misica 1-3, 2100 Novi Sad, Yougoslavie

INDE (Hindi)
Gowarsons Publishers Private Ltd., Gulab House, Mayapuri, New Delhi 110064, Inde

INDONÉSIE
Penerbit Sinar Harapan, J1. Dewi Sartika 136 D, POB 015 JNG, Jakarta, Indonésie

ISRAËL
Dahlia Pelled Publishers, 5 Hamekoubalim Street, Herzeliah 46447, Israël

ITALIE
Bonelli-Dargaud, Via M. Buonarroti 38, 20145 Milan, Italie

NORVÈGE
A/S Hjemmet (Groupement Gutenberghus), Kristian den 4des gt. 13, Oslo 1, Norvège

NOUVELLE-ZÉLANDE
Hodder Dargaud, POB 3858, Auckland 1, Nouvelle-Zélande

PORTUGAL
Meriberica, Avenida Alvares Cabral 84-1º Dto., 1296 Lisbonne, Portugal

RÉPUBLIQUE FÉDÉRALE ALLEMANDE
Delta Verlag, Postfach 1215, 7 Stuttgart 1, R.F.A.

ROYAUME-UNI
Hodder Dargaud, Mill Road, Dunton Green, Sevenoaks, Kent, TN13 2YJ, Angleterre

SUÈDE
Hemmets Journal Forlag (Groupement Gutenberghus), Fack 200 22 Malmö, Suède

SUISSE
Interpress Dargaud S.A., En Budron B, 1052 Le Mont/Lausanne, Suisse

TURQUIE
Kervan Kitabcilik, Basin Sanayii ve Ticaret AS, Tercuman Tesislari, Topkapi-Istamboul, Turquie

YOUGOSLAVIE
Nip Forum, Vojvode Misica 1-3, 2100 Novi Sad, Yougoslavie

Dépôt légal : Mai 1986
ISBN 2-205-00268-6
ISSN 0758-4520

Imprimé en Italie en Avril 1986
par Tipolitografia G. Canale & C. S.p.A. - Torino
Printed in Italy

Nous sommes en 50 avant Jésus-Christ. Toute la Gaule est occupée par les Romains... Toute? Non! Un village peuplé d'irréductibles Gaulois résiste encore et toujours à l'envahisseur. Et la vie n'est pas facile pour les garnisons de légionnaires romains des camps retranchés de Babaorum, Aquarium, Laudanum et Petitbonum...

QUELQUES GAULOIS...

Astérix, le héros de ces aventures. Petit guerrier à l'esprit malin, à l'intelligence vive, toutes les missions périlleuses lui sont confiées sans hésitation. Astérix tire sa force surhumaine de la potion magique du druide Panoramix...

Obélix, est l'inséparable ami d'Astérix. Livreur de menhirs de son état, grand amateur de sangliers, Obélix est toujours prêt à tout abandonner pour suivre Astérix dans une nouvelle aventure. Pourvu qu'il y ait des sangliers et de belles bagarres.

Panoramix, le druide vénérable du village, cueille le gui et prépare des potions magiques. Sa plus grande réussite est la potion qui donne une force surhumaine au consommateur. Mais Panoramix a d'autres recettes en réserve...

Assurancetourix, c'est le barde. Les opinions sur son talent sont partagées : lui, il trouve qu'il est génial, tous les autres pensent qu'il est innommable. Mais quand il ne dit rien, c'est un gai compagnon, fort apprécié...

Abraracourcix, enfin, est le chef de la tribu. Majestueux, courageux, ombrageux, le vieux guerrier est respecté par ses hommes, craint par ses ennemis. Abraracourcix ne craint qu'une chose : c'est que le ciel lui tombe sur la tête, mais comme il le dit lui-même : « C'est pas demain la veille ! »

VAINCU À ALÉSIA, VERCINGÉTORIX JETTE SES ARMES AUX PIEDS DE CÉSAR... OFFICIELLEMENT, LA GAULE EST VAINCUE...

OUAP!

CLANG!

APRÈS CETTE TRISTE CÉRÉMONIE, CÉSAR S'EN VA VERS D'AUTRES CONQUÊTES...

...ET LES ARMES DU CHEF ARVERNE RESTENT LÀ, ABANDONNÉES, PERSONNE N'OSANT Y TOUCHER.

CE N'EST QU'AU COUCHER DU SOLEIL QU'UN ARCHER ROMAIN NE RÉSISTE PAS À L'ENVIE DE S'EMPARER D'UN MAGNIFIQUE BOUCLIER.

DIS, TU LE JOUES AU XXX ET XL?

!

BOUCLIER QU'IL PERD AUSSITÔT AU COURS D'UN JEU DE HASARD.

DIEM PERDIDI!

TU L'AS DIT, BOUFFI!

LE GAGNANT, UN LÉGIONNAIRE, RETOURNANT VERS SON CANTONNEMENT QU'IL AVAIT QUITTÉ SANS PERMISSION, EST SURPRIS PAR UN CENTURION ABUSIF...

HEP! VOUS, LÀ-BAS! QUO VADIS, MON GAILLARD?

...QUI CONFISQUE LE PRÉCIEUX BOUCLIER EN ÉCHANGE DE SON INDULGENCE.

O TEMPORA! O MORES!

BLAM BLAM

LE CENTURION, AYANT DÉJÀ DÉPENSÉ TOUTE SA SOLDE, ÉCHANGE LE BOUCLIER CONTRE UNE BONNE AMPHORE, CHEZ UN MARCHAND DE VINS ET CHARBONS...

...ENFIN, CE MARCHAND, ACCEPTE DE CÉDER LE BOUCLIER À UN GUERRIER GAULOIS, RESCAPÉ DU DÉSASTRE...

...ET CHERCHANT L'OUBLI DANS LE VIN...

BOF! CHI CHA PEUT VOUS FAIRE PLAIGIR...

HIPS!

6

7

8

9

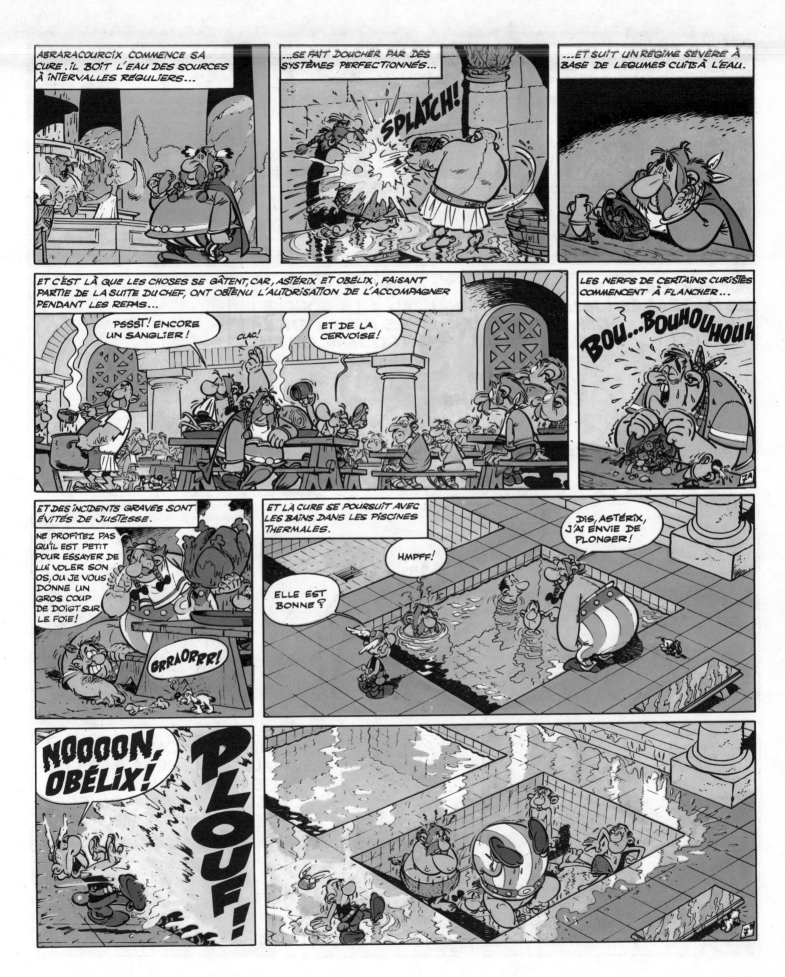

12

14

15

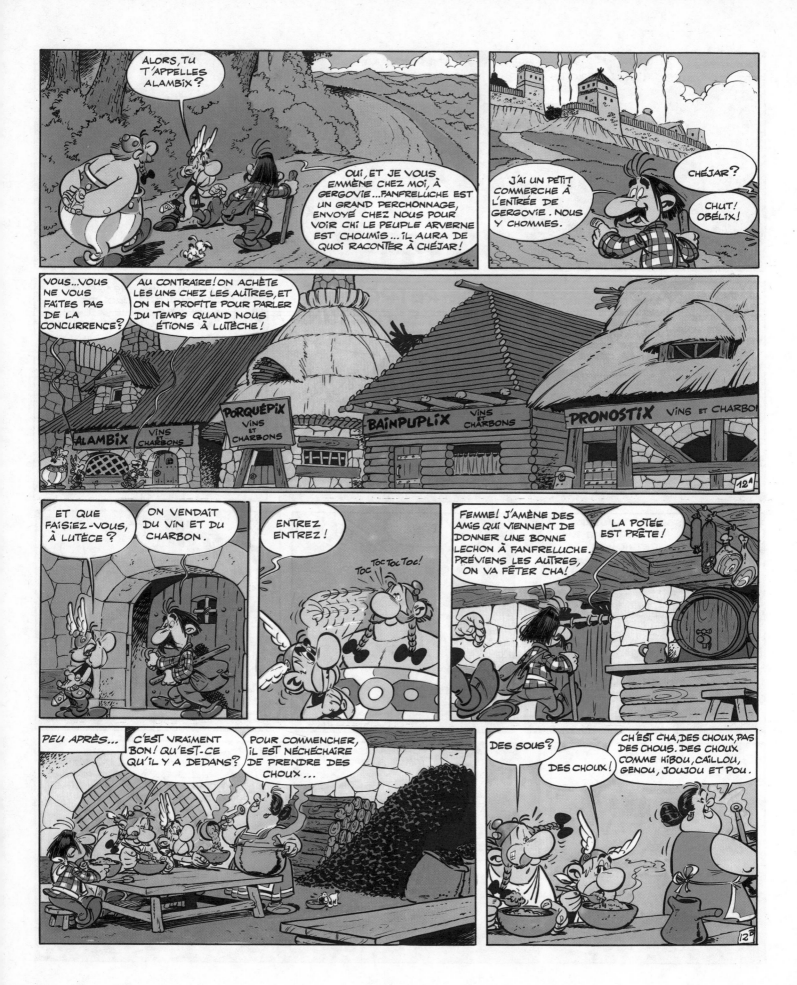

16

17

18

19

22

23

24

27

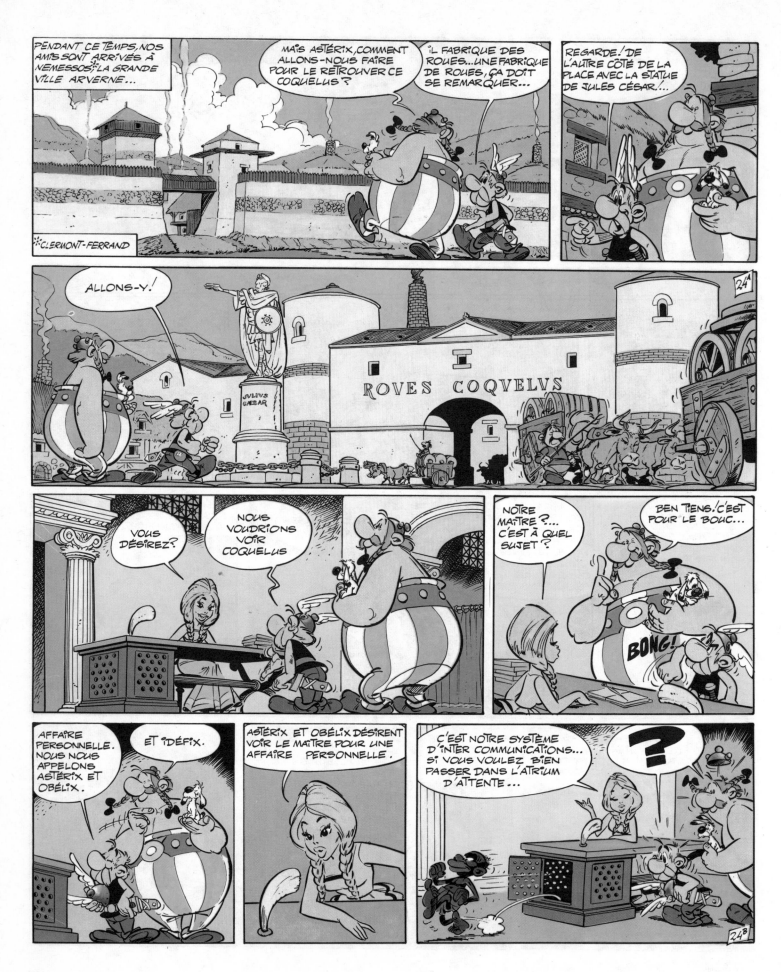

28

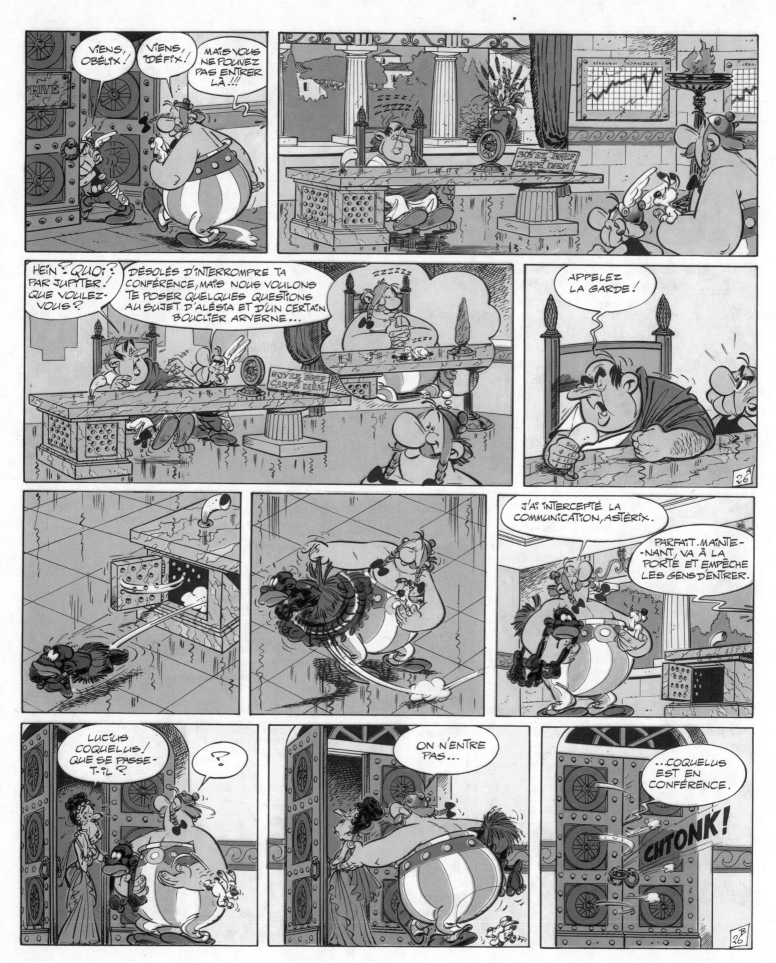

30

31

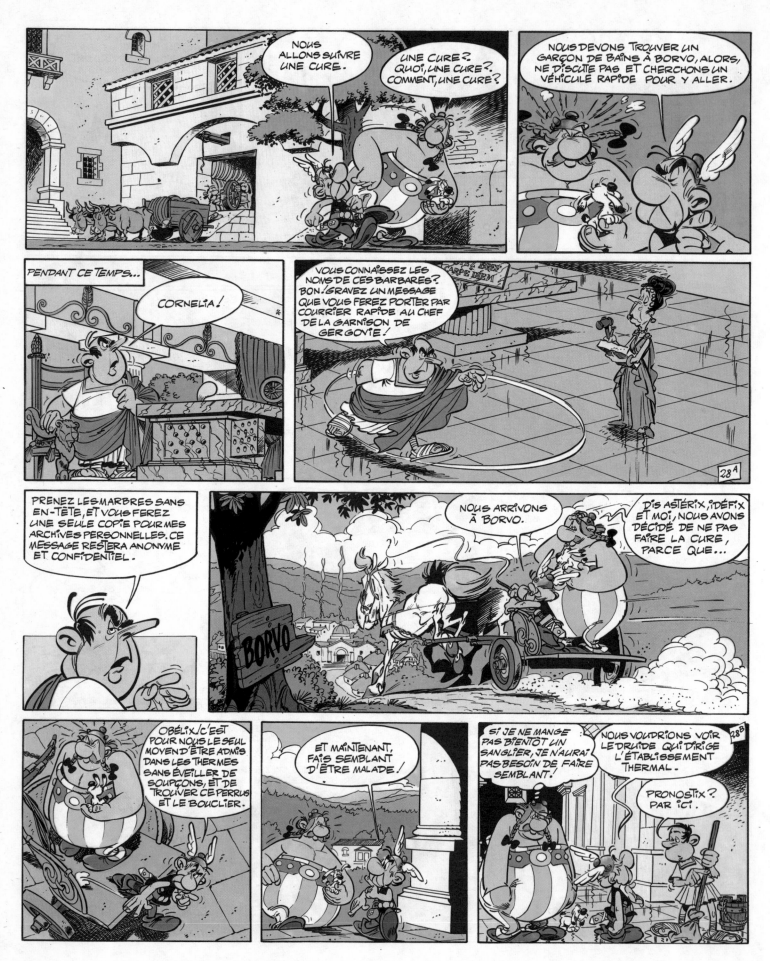

32

33

34

35

36

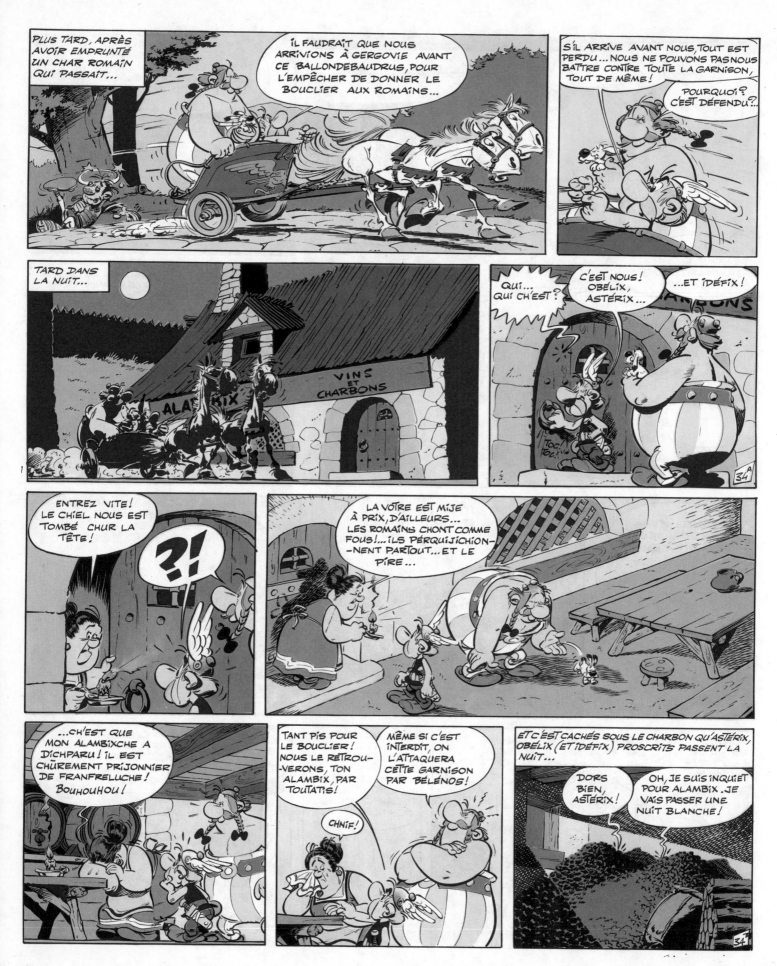

38

39

41

43

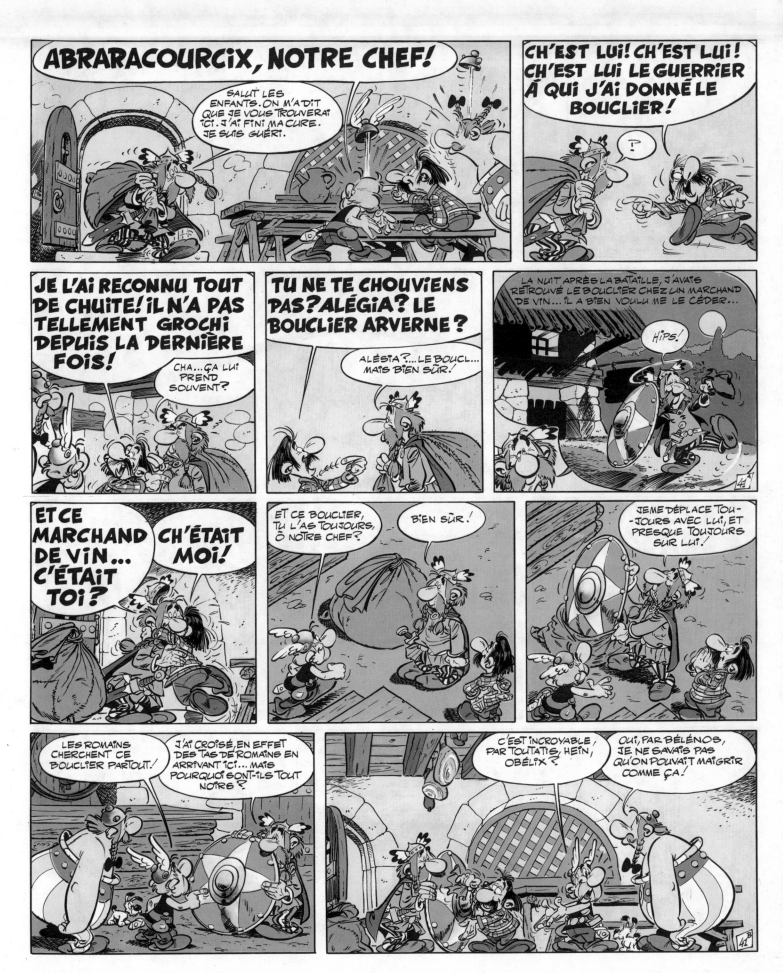

45

Ô, ROMAINS!

QU'EST-CE DONC ?

OH, CE N'EST RIEN... FAUT PAS FAIRE ATTENTION...

AU TRIOMPHE D'ABRARACOURCIX, NOTRE CHEF, ET DU BOUCLIER ARVERNE!

OUVREZ BIEN VOS YEUX! ET VOUS, HABITANTS COURA- GEUX DE GERGOVIE, VOUS ALLEZ ASSIS- TER AU TRIOMPHE!...

BON. VENI VIDI, ET J'AI COMPRIS. PERSONNE NE DOIT SAVOIR QUE J'AI ASSISTÉ À ÇA... ET COMME JE NE TE FÉLICI- TE PAS POUR L'ÉTRANGE TENUE DE TES TROUPES.

ET POUR ÊTRE SÛR QUE MA VISITE RESTERA UN SECRET, JE T'ENVOIE, AVEC TES HOMMES, EN GARNISON EN NUMIDIE...

AH! ENFIN DEUX LÉGIONNAIRES PROPRES!

HIPS?

HIPS?

CENTURION! JE TE FAIS CHEF DE LA GARNISON DE GERGO- VIE! LÉGIONNAIRE! JE TE FAIS CENTURION! ET QUE JE N'ENTENDE PLUS JAMAIS PARLER DE CETTE VILLE! AVÉ!

AVÉ! NOUS ENTREPRENDRONS LES MEILLEURES RELATIONS AVEC LES MARCHANDS DE VIN DE LA RÉGION, JOLIGIBUS ET MOI!

CENTURION JOLIGI... HIPS!... BUS!

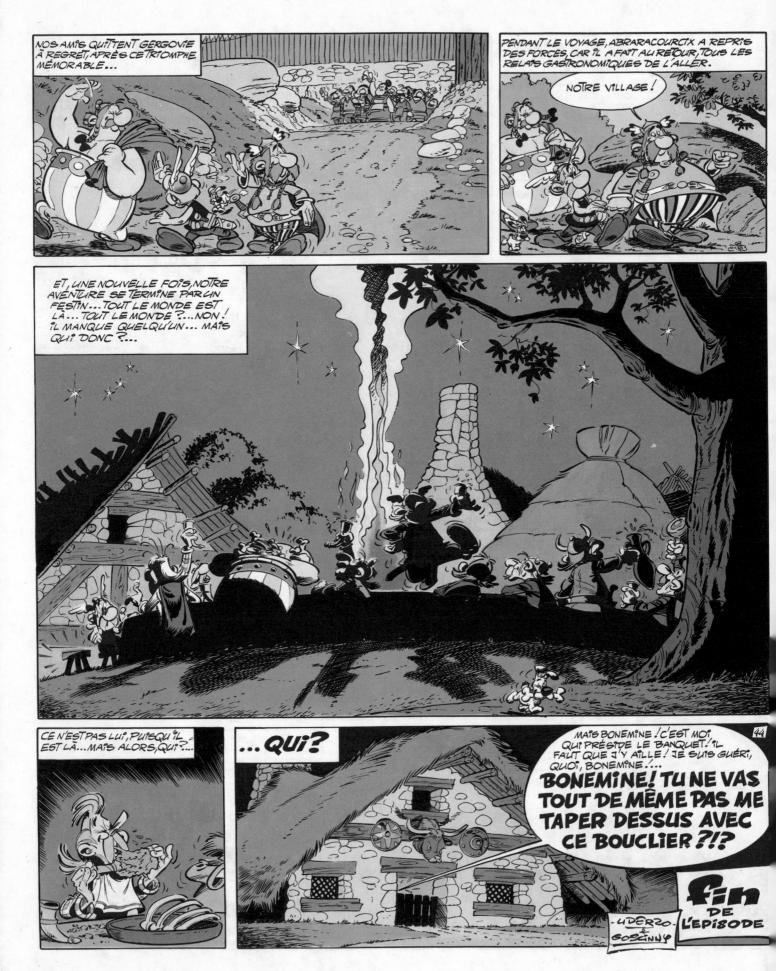